CATALOGUE

D'UNE

BELLE ET RARE COLLECTION

D'ESTAMPES

DE

L'ÉCOLE DE FONTAINEBLEAU

PORTRAITS, PIÈCES HISTORIQUES, PLANS ET VUES

INTÉRESSANT FONTAINEBLEAU

PROVENANT DE LA SUCCESSION DE M. LE COMTE H. DE L... [Laurencel]

DONT LA VENTE AUX ENCHÈRES PUBLIQUES AURA LIEU

Hôtel des Commissaires-Priseurs, rue Drouot, 5

SALLE N° 4

Les Vendredi 13 et Samedi 14 Mars 1885

A deux heures précises

Par le ministère de M° **MAURICE DELESTRE**, commissaire-priseur

27, RUE DROUOT

Assisté de MM. **DANLOS** fils et **DELISLE**, marchands d'estampes

15, QUAI MALAQUAIS

CATALOGUE

D'UNE

BELLE ET RARE COLLECTION

D'ESTAMPES

DE

L'ÉCOLE DE FONTAINEBLEAU

PORTRAITS, PIÈCES HISTORIQUES, PLANS ET VUES

INTÉRESSANT FONTAINEBLEAU

PROVENANT DE LA SUCCESSION DE M. LE COMTE H. DE L... [Laurencel]

DONT LA VENTE AUX ENCHÈRES PUBLIQUES AURA LIEU

Hôtel des Commissaires-Priseurs, rue Drouot, 5

SALLE Nº 4

Les Vendredi 13 et Samedi 14 Mars 1885

A deux heures précises

Par le ministère de Mᶜ **MAURICE DELESTRE**, commissaire-priseur

27, RUE DROUOT

Assisté de **MM. DANLOS** fils et **DELISLE**, marchands d'estampes

15, QUAI MALAQUAIS

CONDITIONS DE LA VENTE

Elle sera faite au comptant.

Les acquéreurs payeront 5 p. 100 en sus des adjudications, applicables aux frais.

ORDRE DES VACATIONS

PREMIÈRE VACATION. — *Vendredi* 13 *mars* 1885.
Numéros.......................... 1 à 190

DEUXIÈME VACATION. — *Samedi* 14 *mars* 1885.
Numéros...................... 191 à 354

DÉSIGNATION

ÉCOLE DE FONTAINEBLEAU

PREMIÈRE PARTIE

ESTAMPES DE GRAVEURS CONNUS PAR LEURS NOMS OU PAR LEURS CHIFFRES

FRANÇOIS PRIMATICE.

1. Les Deux Femmes romaines (B. 1).
   Très belle épreuve.

DAVEN (Léon).

2. La Sainte Vierge entourée de Saints, d'après Le Parmesan
   (B. 1).

   Pour ne point répéter à chaque numéro les indications de « belle »
   ou « très belle épreuve », nous prévenons qu'à moins d'indication con-
   traire toutes les estampes de cette série (du nº 1 au nº 190) sont belles
   et en bonne condition.

3. Sainte Madeleine portée au Ciel par des Anges, d'après le
   Primatice (B. 4).

4. Les Apôtres regardant le Sauveur et la Sainte Vierge qui
   se trouvent dans une gloire d'Anges. Grande estampe en
   quatre morceaux, d'après J. Romain (B. 6-9).

5. Alexandre domptant Bucéphale, d'après le Primatice
(B. 12).

Deux épreuves des 1er et 2e états.

6. Camille arrivant dans le temps que les Romains se rachè-
tent du pillage des Gaulois (B. 13).

Épreuve doublée.

7. L'Empereur Marc-Antoine offrant un sacrifice, d'après un
dessin du Primatice (B. 14).

8. Le Corps mort de Patrocle retiré du combat d'entre les
Grecs et les Troyens, d'après J. Romain (B. 15).

9. Les Déesses Junon, Vénus et Pallas et les Muses. Suite de
douze estampes dont nous ne possédons que six (B. 16,
18, 20, 21, 23 et 24). Angles peints au Palais de Fontainebleau, d'après le Primatice.

10. Les mêmes estampes, copies en contre-partie par Tympan.
10 pièces.

11. Europe aidée, par des femmes de sa suite, à orner de cou-
ronnes de fleurs le taureau blanc de Jupiter, d'après le
Primatice (B. 29).

12. Jupiter accompagné des autres divinités, d'après le Primatice (B. 33).

13. Diane se reposant des fatigues de la chasse, d'après le Primatice (B. 39).

14. Jupiter changé en pluie d'or, visitant Danaé, d'après le
Primatice (B. 40).

15. Cadmus combattant le dragon qui a délivré ses compagnons, d'après le Primatice (B. 42).

16. Des hommes et des femmes occupés à cultiver un jardin,
d'après le Primatice (B. 43).

Épreuve du premier état, avant les lettres L. D. à la gauche d'en
bas de l'estampe.

17. Hercule combattant de dessus les vaisseaux des Argo-
nautes les habitants de Cholcos, d'après le Primatice
(B. 44).

18. La même composition, gravée dans le goût de René Boy-
vin. 2 pièces.

19. Psyché puisant de l'eau dans la fontaine qui était gardée
par des dragons, d'après J. Romain (B. 46).

20. Adonis mourant entre les mains de quelques-uns de ses
chasseurs, d'après L. Penni (B. 47).

21. Adonis et ses chasseurs poursuivant un sanglier, d'après
L. Penni (B. 48).

22. Diane et ses Nymphes poursuivant un cerf, d'après
L. Penni (B. 49).

23. Hercule couché auprès d'Omphale, d'après le Primatice
(B. 50).

24. Des Amazones se défendant contre plusieurs guerriers,
d'après un bas-relief antique (B. 51).

25. Mars et Vénus servis à table par l'Amour, les Grâces et les
Nymphes, d'après L. Penni (B. 52).

26. Une femme offrant un sacrifice, d'après le Primatice
(B. 53), moitié de l'estampe ; Femme debout appuyée ;
Pallas. 3 pièces.

27. Jupiter pressant les nuées pour en faire sortir la pluie
(B. 54).

28. Hercule se laissant habiller en femme pour plaire à
Omphale, d'après le Primatice (B. 55).

29. Vulcain et ses Cyclopes forgeant des flèches pour l'Amour
(B. 56).

30. L'Amour en l'air tirant une flèche dans le cœur d'Apollon,
d'après J. Romain (B. 57).

31. Une femme assise, d'après le Parmesan (B. 58).

32. Un jeune homme buvant de l'eau que lui présente une
femme, d'après le Primatice (B. 61).

33. Des hommes assemblés autour d'un chameau qu'ils chargent de bagages, d'après le Primatice (B. 63).

34. Des chiens assaillant un cerf, d'après le Primatice (B. 64).

35. Plusieurs hommes occupés à la pêche, d'après le Primatice (B. 65).

36. Les Amours d'Antiope et Jupiter, d'après le Primatice (Pass. 71). Le même sujet, copie en contre-partie par Ferdinand. 2 pièces.

37. Eros et Antéros, d'après le Primatice (Pass. 72).
   Cette estampe est décrite dans les Anonymes sous le n° 65.

38. La Fable de l'enlèvement de Proserpine. Suite de douze paysages avec sujets mythologiques (Pass. 73-84); manquent les n°s 75, 77 et 80. 9 pièces.

39. La Fable de Calisto. Suite de douze paysages avec sujets mythologiques (Pass. 85-96).

40. Paysage avec ruines, gravé dans le même goût. ⸻

FANTUZZI (Antoine), nommé **ANTOINE DE TRENTE.**

41. Une sibylle assise, d'après le Primatice (B. 2).

42. Hercule labourant le champ, etc., d'après le Primatice (B. 15).

43. Silène porté sur les bras de deux Bacchants, d'après maître Roux (B. 17).

44. Statue d'une femme habillée à la romaine (B. 23). — Melpomène (Pass. 42). 2 pièces.

45. Paysage montueux dans un cadre ormementé (B. 30).

46. Dessin d'une grotte artificielle (B. 35). Deux épreuves : la première d'un état non décrit avant les inscriptions dans les deux tablettes d'en haut, la seconde avec les inscriptions.

47. Dessin d'aiguière. Dessin d'une coupe (B. 143 des Anonymes). 2 pièces.

   Fort rares.

48. Dessin de quatre vases debout sur une console. Estampe non décrite par Bartsch et Passavant.

49. La Pêche miraculeuse, d'après Raphaël (Pass. 39).

50. Montant d'ornements (Pass. 47).

51. Jeune Homme appuyé, d'après maître Roux. Pièce non décrite.

BARBIÈRE (Dominique del).

52. La Lapidation de saint Étienne (B. 1).

53. Groupes tirés du Jugement dernier, d'après Michel-Ange (B. 2 et 3). 2 pièces.

54. Amphiaraüs en fuite, d'après maître Roux (B. 4).

55. Assemblée d'hommes et de femmes, d'après le Primatice (B. 6).

   Deux épreuves des 1er et 2° états.

56. La Gloire, d'après maître Roux (B. 7).

57. Deux Hommes écorchés, d'après maître Roux (B. 8).

58. Cléopâtre (Pass. 12).

MIGON (Io.).

59. Panneau d'ornement en largeur. Estampe non décrite; signée à droite : *Jo. Migon. a.* 1544.

HEUY.

60. Un groupe de cinq enfants, d'après le Primatice (B. 1).

MONOGRAMME I♀V.

61. Appelles peignant Campaspe, d'après le Primatice (B. 2).

62. Montant d'ornements (B. 7).
Épreuve doublée et endommagée.

SECONDE PARTIE

ESTAMPES GRAVÉES PAR DIFFÉRENTS PEINTRES ANONYMES
D'APRÈS LES PEINTURES DE FONTAINEBLEAU

63. Dieu le père assis sur un globe dans une gloire, d'après
maître Roux (B. 1).

64. Adam et Ève se laissant séduire par le démon, d'après
L. Penni (B. 3). Grande pièce dans un cadre ornementé.

65. Le Sacrifice d'Abraham, d'après le Primatice (B. 4).

66. La Naissance de la Sainte Vierge, d'après J. Romain (B. 5).
Trois épreuves différentes.

67. La même composition (B. 6).

68. Les Pasteurs adorant l'Enfant Jésus, d'après maître Roux
(B. 10).

69. L'Adoration des Mages, d'après L. Penni (B. 14).

70. L'Adoration des Mages, d'après L. Penni. Grande pièce
dans un cadre ornementé (B. 15).

71. La Sainte Famille, d'après J. Romain (B. 18).

72. Les Disciples portant le corps mort de Jésus-Christ, d'après
L. Penni. Dans une bordure ornementée (B. 24).

73. Les Disciples déposant le corps de Jésus-Christ au pied de la croix, d'après L. Penni. Dans une bordure ornementée (B. 25).

74. La Sainte Vierge assise au pied de la croix, considérant le corps de son fils. Dans une bordure ornementée (B. 29).

75. Saint Jean l'Évangéliste et saint Antoine, d'après J. Romain (B. 34).

76. Saint Michel combattant les anges rebelles, d'après L. Penni (B. 37).

77. Romulus et Rémus occupés à bâtir les murs de la ville de Rome, d'après le Primatice (B. 40).

78. La Mort de Cléopâtre, d'après L. Penni. Dans un cadre ornementé (B. 41).

79. L'Enlèvement d'Hélène, d'après L. Penni (B. 42).

80. Les Grecs se rendant maîtres du palais de Priam, d'après L. Penni (B. 44).

81. Les Troyens introduisant dans leur ville le cheval de bois, d'après L. Penni (B. 45).

82. Une femme à genoux retenant un guerrier qui veut tuer un jeune homme, d'après L. Penni (B. 46).

83. Marc Curtius se dévouant, d'après L. Penni. Dans un cadre ornementé (B. 47).

84. Clélie et ses compagnons traversant le Tibre, d'après J. Romain (B. 49).

85. Mars faisant la cour à Vénus, d'après L. Penni (B. 52).

86. Jupiter et Sémélé, d'après le Primatice (B. 54).

Épreuve doublée.

87. La Dispute d'Apollon et de Marsyas, d'après J. Romain (B. 55). incomplète

88. Vénus et les Nymphes pleurant la mort d'Adonis, d'après L. Penni. Dans un cadre ornementé (B. 58).

89. Vénus au bain servie par les Nymphes de sa suite (B. 60).
Épreuve mal conservée.

90. Vénus regardant Mars qui dort assis sur un lit, d'après le Primatice (B. 61).

91. Le Jugement de Pâris, d'après L. Penni (B. 64).

92. Hercule se laissant habiller en femme, d'après le Primatice (B. 67).
Épreuve doublée,

93. Nombre d'Amours dans un bois s'amusant à se jeter des pommes (B. 70).

94. Vulcain et les Cyclopes forgeant des flèches, d'après le Primatice (B. 71).

95. Le Jugement de Pâris, d'après L. Penni (B. 72).

96. Actéon métamorphosé en cerf, d'après L. Penni. Dans un cadre ornementé (B. 73).
Épreuve doublée.

97. Proserpine confiant à Psyché la boîte remplie de beauté, d'après J. Romain (B. 74).
Deux épreuves différentes.

98. Vénus pleurant la mort d'Adonis, d'après J. Romain (B. 77).

99. Un jeune homme buvant de l'eau que lui donne une femme, d'après le Primatice (B. 81).

100. Des hommes et des femmes s'enfuyant d'une ville en flammes, d'après maître Roux (B. 83).
Cette estampe est attribuée par R. Dumesnil à Androuet Ducerceau.

101. Des soldats en marche, d'après J. Romain (B. 90).

102. Marche d'un bagage d'armée, d'après J. Romain (B. 91).

103. Deux fils emportant sur le dos leur père et leur mère de l'incendie d'une ville, d'après maître Roux (B. 93).

104. Sujet de bataille, d'après L. Penni (B. 96).

105. Sujet de bataille, d'après J. Romain (B. 98). Gravé proba-
blement par Ant. Fantuzzi.

106. Plusieurs femmes au bain, d'après L. Penni (B. 99). Copié
en contre-partie portant le nom de *Nicolai Valegij
formis.*

107. L'Avarice (B. 105). L'Impudicité (B. 106). 2 pièces.

108. Montant d'ornement en largeur (B. 120).

109. Montant d'ornement en largeur. Au milieu l'Amour déco-
chant ses flèches, etc. (B. 125).

110. Montant d'ornement en largeur. Au milieu un paysage
(B. 136).

111. Montants d'ornements. 5 pièces, fragments.

112. La Résurrection, d'après le Primatice. Pièce de forme
ovale.

Épreuve mal conservée.

113. Mars découvrant Vénus endormie. Sujet en largeur.
Fort rare.

114. Femme nue assise près d'un lit. Sujet en hauteur.
Très rare.

115. Vénus désarmant l'Amour. Sujet en hauteur imprimé sur
papier bleu.

116. Triton enlevant un Nymphe, suivi d'une Sirène. Sujet en
largeur.

117. Les Vertus, d'après les peintures du Primatice à l'hôtel
de Montmorency. 11 pièces. *N. Langlois exc.*

118. Les Quatre Saisons, d'après le Primatice. *Ferdinand
excudit.*

119. La Toilette de Vénus, d'après le Primatice. *C. Durand
excudit.*

120. Diane chasseresse, Jupiter, l'Amour et Diane. *Ferdinand
excudit.* 4 pièces.

121. La Chute de Phaéton, d'après le Primatice. Pièce en largeur, non décrite.

122. Grande composition représentant des figures d'hommes nus, d'après maître Roux. Pièce en largeur, non décrite.

123. Statues de Termes en hauteur dans des ovales. 3 pièces.

ESTAMPES GRAVÉES PAR DIFFÉRENTS MAITRES

La plupart d'après les peintures du château de Fontainebleau.

BETOU (Alex.).

124. Morceaux d'après les grands tableaux de la salle de bal du palais de Fontainebleau. Suite de quinze estampes (R. D. 1-15).

125. Morceaux d'après les petits tableaux de la même galerie. Suite de cinquante-deux estampes (R. D. 16-67). Nous avons seulement 33 p.

BONASONE (J.).

126. Les Troyens introduisant dans leur ville le funeste cheval de bois, d'après le Primatice (B. 85).

Deux épreuves différentes.

BONENIONE.

127. L'Astronomie, d'après le Primatice.

BOYVIN (René).

128. L'Annonciation, d'après maître Roux (R. D. 5).

129. La Vierge et l'Enfant Jésus, d'après maître Roux (R. D. 6).

130. La Sainte Famille, d'après Raphaël (R. D. 9).

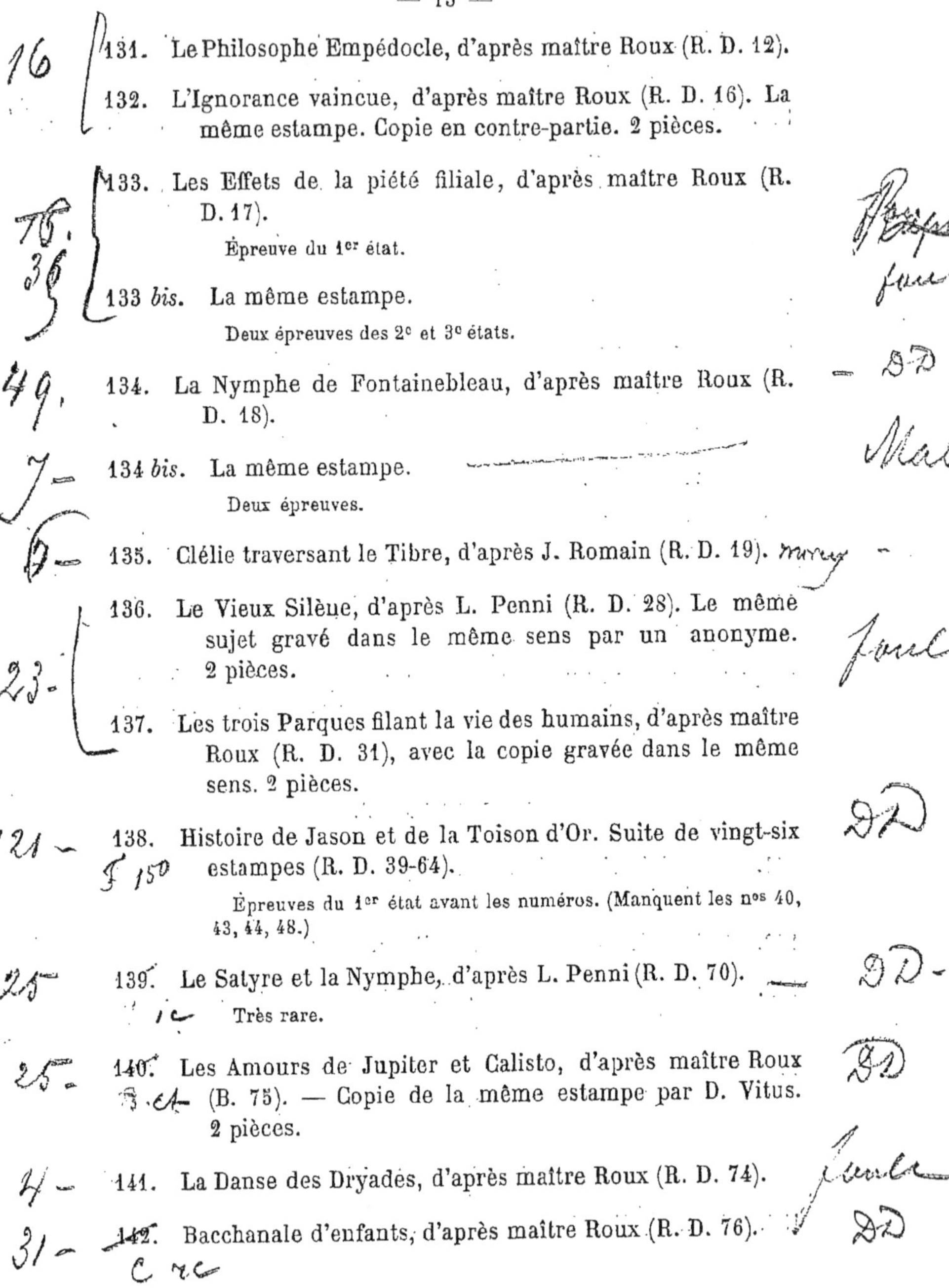

131. Le Philosophe Empédocle, d'après maître Roux (R. D. 12).

132. L'Ignorance vaincue, d'après maître Roux (R. D. 16). La même estampe. Copie en contre-partie. 2 pièces.

133. Les Effets de la piété filiale, d'après maître Roux (R. D. 17).

Épreuve du 1er état.

133 *bis*. La même estampe.

Deux épreuves des 2e et 3e états.

134. La Nymphe de Fontainebleau, d'après maître Roux (R. D. 18).

134 *bis*. La même estampe.

Deux épreuves.

135. Clélie traversant le Tibre, d'après J. Romain (R. D. 19).

136. Le Vieux Silène, d'après L. Penni (R. D. 28). Le même sujet gravé dans le même sens par un anonyme. 2 pièces.

137. Les trois Parques filant la vie des humains, d'après maître Roux (R. D. 31), avec la copie gravée dans le même sens. 2 pièces.

138. Histoire de Jason et de la Toison d'Or. Suite de vingt-six estampes (R. D. 39-64).

Épreuves du 1er état avant les numéros. (Manquent les n°s 40, 43, 44, 48.)

139. Le Satyre et la Nymphe, d'après L. Penni (R. D. 70).

Très rare.

140. Les Amours de Jupiter et Calisto, d'après maître Roux (B. 75). — Copie de la même estampe par D. Vitus. 2 pièces.

141. La Danse des Dryades, d'après maître Roux (R. D. 74).

142. Bacchanale d'enfants, d'après maître Roux (R. D. 76).

143. Diverses coiffures d'hommes pour des ballets, d'après
maître Roux (R. D. 79, 80, 81 et 82). 4 pièces.

144. Une des trois Parques, d'après maître Roux (R. D. 90).
Fragment.

145. Panneaux d'ornements animés des divinités du paganisme.
Suite de seize estampes (R. D. 119-134).
Épreuves du 2e état.

146. La même suite. 6 pièces du 1er état.

147. Dessins d'aiguières, coupes, salières, plateaux, nef, cor-
beilles, flambeaux, nécessaires de toilette et fontaine,
propres aux orfèvres, etc. Suite de neuf estampes (R.
D. 171-179). Manque le n° 179. 8 pièces, dont deux sont
remontées.

148. Femme assise dans un paysage, jouant de la contrebasse.
Pièce en largeur non décrite.

149. Sujet tiré des amours des Dieux, d'après le Rosso. Petite
pièce non décrite.

150. Le Livre de bijouterie reproduit en fac-similé par A. Durand. 20 planches. *Paris, Rapilly*, 1876. In-4 obl.
broché.

CARAGLIO (J.).

151. Les Divinités de la fable, d'après maître Roux. Suite de
vingt estampes (B. 24-43).

152. Opis (25). — Junon (27). 2 pièces.

153. Les Travaux d'Hercule, d'après maître Roux. Suite de
estampes (B. 44-49).

154. Les Amours de Mars et Vénus, d'après maître Roux (B. 51).
La même composition, copie en contre-partie. 2 pièces.

CAYLUS (comte de).

155. Saturne, d'après le Primatice.

DELAUNE (Ét.).

156. Apollon sur le Parnasse, d'après L. Penni.

DUCERCEAU (J.-A.).

157. Grands Cartouches composés dans le genre de ceux de la
galerie de Henri II à Fontainebleau. 17 pièces.
Épreuves avec marges. Fort rares.

GARNIER (Ant.).

158. Morceaux d'après les peintures du Primatice dans la cha-
pelle du Château-Fleuri, près Fontainebleau (R. D. 34-
37, 39 et 40). 6 pièces.

159. Apollon sur le Parnasse, d'après le Primatice (R. D. 57).

160. Les Trois Vertus théologales et les Quatre Vertus cardi-
nales, d'après le Primatice. Suite de sept estampes
(R. D. 58-64).

GAULTIER (L.).

161. Vulcain et ses Cyclopes, d'après Jean Cousin. Très rare.

GHISI (G.).

162. Les Plafonds en hauteur, peints par le Primatice. Suite de
4 estampes (B. 36-39).

163. Le Chasseur Orion portant Diane sur ses épaules, d'après
Penni (B. 43).

164. Les Plafonds ovales, en largeur, peints par le Primatice.
Suite de 4 estampes (B. 48-51).

165. Les Amours d'Antiope et de Jupiter, d'après le Primatice
(B. 52).

166. Une Déesse couchée sur son char, d'après le Primatice
(B. 53).

167. Apollon sur le Parnasse, d'après L. Penni (B. 58).

168. Jupiter plaçant dans le ciel la nymphe Calisto, d'après le Primatice (B. 59).

169. La Calomnie accusant l'ignorance, d'après L. Penni (B. 64).
Épreuve magnifique. Très rare de cette qualité.

170. Le Songe de Raphaël, d'après L. Penni (B. 67).
Épreuve doublée.

171. Un jeune homme porté entre les bras de deux autres hommes, d'après le Primatice (B. aff. 1).

172. Pénélope au milieu de ses femmes qui font de la toile, d'après le Primatice.

MAITRE AU MONOGRAMME N. A. T. L.

173. Jeux de gymnastiques; belles études anatomiques. 5 pièces.

PIERRETZ (A.).

174. Feuillages modernes faits au château de Fontainebleau, d'après Francisque. Suite de 6 pièces en hauteur.

ROTA (Martin).

175. La Mise de Jésus-Christ au tombeau, d'après L. Penni.

RUGGIERI (Guido).

176. Alexandre s'entretenant avec Talestris, d'après le Primatice (B. 3).

177. Vulcain et les Cyclopes, d'après le Primatice (B. 4). La même composition gravée par E. Vico. 2 pièces.

178. Jupiter foudroyant les Géants, d'après Perino del Vaga (B. 16).

VICO (E.).

179. Les Amours de Mars et Vénus, d'après le Parmesan (B. 21).
Épreuve du 1er état.

180. Jupiter et Léda, d'après Michel-Ange (B. 26.)

180 *bis.* *Thirry* (L.) Vulcain surprenant Mars et Vénus couchés sur un lit. Dessin de forme ovale. A la plume et au bistre.

ÉCOLE DE FONTAINEBLEAU

DESSINS PAR DIVERS

181. *Thirry.* Apollon et Marsyas, composition pour un pendentif. A la sanguine.

182. Latone et Diane. Grande composition de forme ovale. A la plume et au bistre rehaussé.

183. Jupiter pressant les nuées pour en faire sortir la pluie qui tombe sur la terre. (Gravé par L. Davent, n° 54.) A la plume, lavé et rehaussé.

184. Le Triomphe de Vénus. Fête aux Dieux. Deux dessins au lavis et à la plume.

185. Pandore entourée de différentes figures. A la plume et au bistre.

186. Mars et Vénus. A la plume, lavé.

187. Femme ailée portant un candélabre. A la plume.

188. Fontaine soutenue par deux Amours. A la plume.

189. Décoration pour un dessus de cheminée. A la plume et au bistre.

190. Ornements, sujets allégoriques. 7 dessins.

PORTRAITS, PIÈCES HISTORIQUES

PLANS ET VUES

ALMANACHS

1680

191. Les Cérémonies du mariage du Roi d'Espagne avec Mademoiselle, épousée par S. A. Monseigneur le Prince de Conty, à Fontainebleau, le 31 août 1679. *A Paris, chez N. Langlois.*

Très belle épreuve en parfait état. Collection de Béhague.

192. L'Alliance renouvelée entre la France et l'Espagne par l'auguste mariage de Charles II avec Marie-Louise d'Orléans, fille aînée de Monsieur, frère unique du Roi, célébré à Fontainebleau par S. A. Mgr le Prince de Conti, etc., le 31 août 1679. *A Paris, chez la veuve P. Bertrand.*

Très belle épreuve en parfait état. Collection de Béhague.

193. Les Cérémonies du mariage du Roi d'Espagne avec Mademoiselle, à Fontainebleau, le 31 août 1679. *A Paris, chez P. Landry.*

Belle épreuve avec quelques déchirures très habilement raccommodées.

1683

194. Le Voyage du Roi aux mois d'août, septembre et octobre 1682.

Très belle épreuve. Manque l'Almanach.

1699

195. Le Camp de Condun près de Compiègne, ou l'Art de la guerre enseigné par le Roy à Messeigneurs les Princes, enfants de France, au mois de septembre 1698. *A Paris, chez N. Langlois.*

Belle épreuve ayant quelques déchirures.

1715

196. Le Roy, après avoir donné la paix à ses sujets et dissipé les troubles d'Espagne, assure le repos de ses peuples par son édit du mois de juillet 1714.

Épreuve ayant souffert; elle est doublée.

1726

197. L'Auguste Réception faite à la Reine par Sa Majesté Louis XIV, roi de France, à Moret, le 4 septembre 1725. *A Paris, chez Jollain, rue Saint-Jacques, à l'Enfant Jésus.*

Très belle épreuve en parfait état. Collection de Béhague.

198. Partie supérieure d'un Almanach où sont représentés Louis XIV, le cardinal Mazarin, les Princes et les principaux personnages de la Cour.

Très belle épreuve.

ANONYMES.

199. Chasse royale à Fontainebleau pendant la minorité de Louis XIV; au fond la vue du château. Pièce très intéressante donnant les portraits du Roi, de la Reine-mère, de Monsieur frère du Roy, de Son Altesse Royale le Duc d'Orléans, de Monsieur le Prince de Condé et de nombreux personnages de la Cour.

Très belle épreuve. Rare. Collection de Béhague.

200. Répertoire de Fontainebleau du jeudi 4 octobre au mardi 13 novembre 1764.

Très belle épreuve avec marge d'une très intéressante pièce sur le théâtre. Très rare.

201. François Primatice, célèbre peintre et architecte. 2 portraits in-8 gravés sur bois et sur cuivre.

202. Henri de Lorraine, duc de Guise (le Balafré), dans un médaillon ovale entouré de figures allégoriques et de scènes relatives à son assassinat.

Très belle épreuve. Très rare. Collection Didot.

203. Philippe de Mornay. In-8.

Très belle épreuve.

ANSELIN (J.-L.).

204. Madame de Pompadour, en Belle Jardinière, d'après C. Vanloo.

Très belle épreuve.

AUDRAN (B.).

205. Jean-Baptiste Colbert, ministre, d'après C. Le Febure. Grand in-fol.

Très belle épreuve.

BAZIN (N.).

206. Marie-Thérèse d'Espagne, Reine de France, d'après Cl. Le Febure. Buste fort comme nature.

Très belle épreuve.

BLOIS (de).

207. Hortense Mancini, duchesse de Mazarin, d'après P. Lely. In-4.

Très belle épreuve.

BOSSE (A.).

208. Portrait d'Alexandre Francini, architecte. In-fol.

Belle épreuve.

209. Les Noms, Surnoms, Qualitez, Armes et Blasons des Chevaliers et Officiers de l'Ordre du Saint-Esprit, créez par Louis le Juste, XIIIe du nom, à Fontainebleau, le 14 may 1633. Suite de 4 pièces (G. D. 1207-1210).

Très belles épreuves avec l'adresse de M. Tavernier.

210. Cérémonie observée au contrat de mariage passé à Fontainebleau, en présence de Leurs Majestez, entre Wladislas IVe du nom, Roi de Pologne, et Louise-Marie de Gonzague, Princesse de Mantoue et de Nevers, le 25 septembre 1645 (G. D. 1223).

Très belle épreuve.

BOYVIN (R.).

211. Henri II, roi de France, dans une bordure ovale richement ornementée. In-4 (R. D. 105).

Très belle épreuve. Collection Didot.

212. Henri IIIe du nom, roi de France et de Pologne, représenté en pied, dans son cabinet. In-fol. (106).

Très belle épreuve. Collection Didot.

213. Clément Marot, poète. Deux différents portraits (111 et 112).

Belles épreuves. Collection Didot.

BRISSART (F.).

214. Cérémonie du mariage de Charles II, roi d'Espagne, avec Marie-Louise d'Orléans, fait au château royal de Fontainebleau le 31 août 1679.

Très belle épreuve.

CALLOT (J.).

215. La Chasse (M. 711).

Très belle épreuve.

COCK (Excudit).

216. François II, roi de France. — Isabelle-Renée de France, fille de Philippe II, roi d'Espagne. Deux très jolis portraits in-4 faisant pendants.

    Très belles épreuves. Rares.

DAVID (Ch.).

217. Le Maréchal de Vitry. In-8.

    Très belle épreuve. Fort rare.

DEBUCOURT (P.-L.).

218. Réception de Mme la duchesse de Berry, par Sa Majesté Louis XVIII, à Fontainebleau le 15 juin 1816, d'après C. Vernet.

    Très belle épreuve en couleur; elle est doublée. Excessivement rare.

DELAULNE (Ét.).

219. Étienne Jodelle, poète. In-8 (R. D., 312).

    Très belle épreuve d'une estampe très rare, attribuée à Rabel par le Père Lelong. Collection Didot.

DIVERS.

220. Marie-Louise d'Orléans, marquise de Pompadour—Serlio, etc. 5 portraits.

    Très belles épreuves.

DUPIN

221. Louise-Marie d'Orléans, duchesse de Bourbon. In-4.

    Très belle épreuve. Remargée.

DUVAL (Marc).

222. Portraits en pied des trois frères Gaspard, Odet et François de Coligny, réunis sur une même feuille (R. D. 5).

    Belle épreuve d'une pièce excessivement rare. Collection Didot.

EDELINCK (G.).

223. Gui Crescent Fagon , premier médecin de Louis XIV,
d'après H. Rigaud (R. D. 200).
Très belle épreuve du 1ᵉʳ état.

ESNAUTS et RAPILLY (à Paris, chez).

224. Mˡˡᵉ Lescot, de la Comédie-Italienne. In-4.
Très belle épreuve avant la pagination. Toute marge.

FALCK (J.).

225. Christine, reine de Suède, d'après D. Beck. In-fol.
Très belle épreuve avec marge,

226. Louise-Marie de Gonzague, reine de Pologne, d'après Juste
d'Egmont. In-fol.
Superbe épreuve.

FIRENS (P.).

227. Le roi Henri IV touchant les malades des écrouelles.
1605.
Très belle épreuve avec la légende explicative rapportée dans
la marge inférieure.

GALLAYS (à Paris, chez).

228. Fête dans les jardins du château de Fontainebleau. Très
grande pièce imprimée en deux feuilles ; elle est des
plus intéressantes comme costumes.
Très belle épreuve. Très rare. Collection de Béhague.

GALLAYS et GAUTROT (à Paris, chez).

229. Représentation dans sa vraie grandeur de la couronne de
pierreries qui a servi au sacre de Louis XV le 25 octobre
1722. — Représentation dans sa vraie grandeur de la
couronne de pierreries qui a servi à la reine à la cérémonie de son mariage à Fontainebleau le 5 septembre
1725. — Le Magnifique Feu d'artifice tiré à Fontainebleau le 5 septembre 1725. 3 pièces.
Belles épreuves.

GAULTIER (L.).

230. Les Cérémonies royales de l'Épiphanie, faites à Fontaine-bleau par Mᵍʳ le Dauphin. Pièce des plus curieuses et des plus intéressantes décorant l'almanach de 1611. Elle donne les portraits en pied de Henri IV et de sa famille, des dames et des principaux personnages de la cour.

Très belle épreuve. Excessivement rare. Collection Didot.

231. *Les heureuses et fatales devises de Monseigneur le Dauphin et de Madame, fille unique de Henry III, Roy de France et de Navarre, 1604.* Très belle pièce où se voient représentés en pied le Dauphin, depuis Louis XIII, alors âgé de trois ans, et sa sœur Madame Élisabeth, âgée de deux ans.

Très belle épreuve. Fort rare. Collection Didot.

232. *Cérémonie au Baptesme de Mᵍʳ le Dauphin et de Mes-Dames sœurs, à Fontainebleau, le 14ᵉᵐᵉ jour de septembre 1606.*
Très belle épreuve sans la légende explicative.

233. *Portrait au naturel de Monseigneur le Dauphin, né à Fontai-nebleau, le 27 septembre à 10 heures de nuict, 1601.*
Très belle épreuve. Rare.

234. Henri de Bourbon, prince de Condé, à l'âge de 24 ans.
Superbe épreuve. Très rare. Collection Didot.

235. Henri de Bourbon, duc de Montpensier, pair de France.
Superbe épreuve avec une petite marge. Très rare. Collection Didot.

236. Anne d'Este-Ferrare, duchesse de Nemours.
Superbe épreuve. Collection Didot.

237. Henri de Gondy, évêque de Paris.
Très belle épreuve.

238. Jean-Louis de Nogaret de La Valette, duc d'Épernon, pair de France, dans une bordure ovale entourée d'ara-besques.

Très belle épreuve. Très rare. Collection Didot.

239. Louise de Lorraine, reine de France, 1588.
Très belle épreuve. Collection Didot.

240. Henri de Lorraine, duc de Guise, le Balafré, 1589.
Superbe épreuve. Très rare. Collection Didot.

241. Charles de Lorraine, duc de Guise, fils du Balafré, lieute-
nant général en Provence.
Superbe épreuve. Très rare. Collection Didot.

242. Henri II d'Orléans, duc de Longueville.
Très belle épreuve.

243. François de Lorraine, duc de Guise (Monsieur d'Aumale).
Belle épreuve avec marge.

244. Étienne Pasquier. Deux portraits différents. In-8 et in-fol.
Belles épreuves.

GHEYN (J. de).

245. Henri de Bourbon, premier prince de Condé. In-8.

GRANTHOMME (J.).

246. Charles, cardinal de Lorraine.
Superbe épreuve. Très rare.

GUNST (P. van).

247. Marie-Louise d'Orléans, reine d'Espagne. In-fol.
Très belle épreuve du 1er état. Rare.

248. La même estampe.
Belle épreuve du 2e état, la tête et le costume du personnage
complètement changés.

HOGENBERG.

249. Anne de Montmorency, connétable de France, en pied.
In-4.
Très belle épreuve. Remargée. Collection Didot.

250. Catherine de Médicis, reine de France, en pied. Petit
in-fol.

Très belle épreuve.

251. Henri III, roi de France. — François de Valois, duc d'Alen-
çon. 2 pièces.

Très belles épreuves.

252. Emmanuel-Phil., duc de Savoie, en pied. In-4.

Très belle épreuve. Remargée.

HOREOLLY.

253. Ballet du prince de Salerne, exécuté à Fontainebleau en
novembre 1746, d'après Marvie.

Très belle épreuve. Rare.

HUBERT.

254. Louis-Philippe, duc d'Orléans. — L.-H.-J. de Bourbon-
Condé, duc de Bourbon. — Le Duc de Nivernais.
3 pièces.

Très belles épreuves dont deux ont toutes leurs marges.

JAZET.

255. Le Siècle de François Ier, d'après A.-C.-G. Lemonnier.

Belle épreuve, plus le trait explicatif.

JODE (P. de).

256. Élisabeth de Bourbon, femme de Philippe IV, d'après
Rubens. In-4.

Très belle épreuve. Collection Didot.

JOLLAIN (à Paris, chez).

257. Louis, dauphin de France, premier fils de Louis XIV, vu
à mi-jambes. Grand in-fol.

Très belle épreuve avec marge.

LASNE (M.).

258. Gaston de Foix, en pied. In-fol.
  Très belle épreuve.

259. François de Bassompierre, maréchal de France. In-fol.
  Très belle épreuve. Collection Didot.

260. Henri de Mesmes, président au Parlement de Paris.
  Très belle épreuve avec marge.

261. Louis de Marillac, maréchal de France. Petit in-fol.
  Belle épreuve. Collection Didot.

262. Nicolas de Neufville, seigneur de Villeroy. — F. de Harlay, archevêque de Paris. — Le Cardinal Du Perron. — 3 pièces.
  Très belles épreuves.

263. Michel de Marillac, chancelier de France. 2 portraits différents in-8 et in-fol.
  Très belles épreuves. Collection Didot.

LAUGIER.

264. Madame Scaron, d'après l'émail de Petitot. In-4.
  Très belle épreuve lettre grise. Toute marge.

LE BEAU.

265. Madame la Marquise de Pompadour, d'après Queverdo. In-8.
  Épreuve avec de grandes marges.

266. L.-J.-M. de Bourbon, duc de Penthièvre. In-4.
  Très belle épreuve avant la pagination. Remargée.

LE CLERC (à Paris, chez J.).

267. *Réduction miraculeuse de Paris sous l'obéissance du Roy tres chrestien, et comme Sa Majesté y entra par la Porte Neuve, le mardi 22 mars 1594. — Comme le Roy alla in-*

*continent a l'eglise de Notre-Dame rendre grace solennelle
a Dieu de cette admirable réduction de la ville capitale de
son Royaume. 2 pièces très curieuses d'après Bollery;
elles sont entourées de leurs légendes explicatives.*

Très belles épreuves dont une est tachée. Rares.

LE FÉBURE (Cl.).

268. Alexandre Boudan. In-4.

Belle épreuve.

LEU (Th. de).

269. Catherine de Bourbon, duchesse de Bar (R. 311).

Très belle épreuve du 1er état, mais dont la tablette du bas
manque. Collection Didot.

270. Charles de Gontaut, duc de Biron, maréchal de France
(R. D. 318).

Très belle épreuve avant la retouche.

271. Charles II, cardinal de Bourbon, proclamé roi pendant la
Ligue sous le nom de Charles X (R. D. 321).

Superbe épreuve avec une très grande marge. Collection Didot.

272. Louise Bourgeois, femme du sieur Boursier, sage-femme
de Marie de Médicis (R. D. 324).

Très belle épreuve. Collection Didot.

273. Charles IX, roi de France (338).

Superbe épreuve du 1er état; avant toute retouche. Collection
Didot.

274. François de Bourbon, prince de Conti (R. D. 348).

Superbe épreuve avec marge.

275. Jeanne de Cocesme, princesse de Conti (350).

Superbe épreuve du 1er état, avant la correction au mot *Cœsme*.
Collection Didot.

276. Louise de Lorraine, princesse de Conti (352).

Très belle épreuve avant l'adresse de Desrochers.

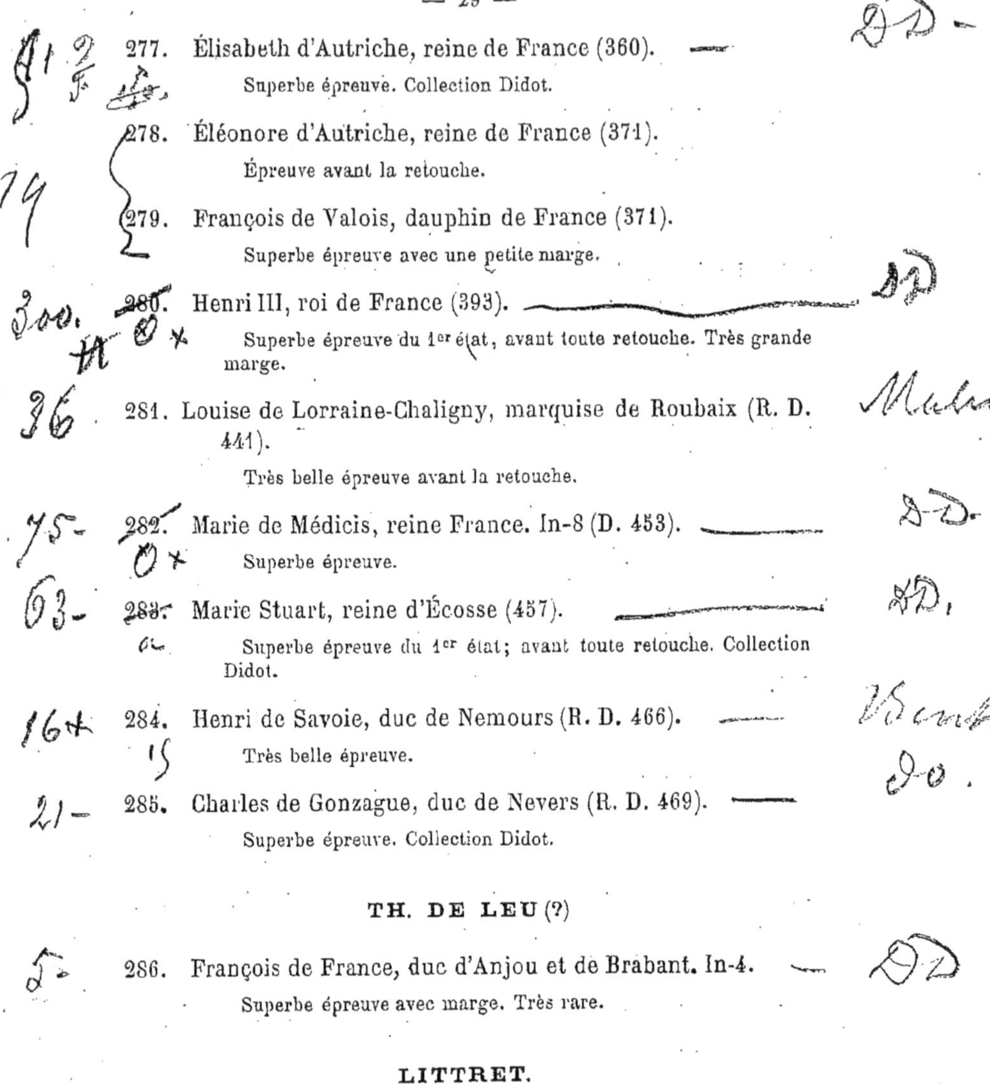

277. Élisabeth d'Autriche, reine de France (360).

Superbe épreuve. Collection Didot.

278. Éléonore d'Autriche, reine de France (371).

Épreuve avant la retouche.

279. François de Valois, dauphin de France (371).

Superbe épreuve avec une petite marge.

280. Henri III, roi de France (393).

Superbe épreuve du 1er état, avant toute retouche. Très grande marge.

281. Louise de Lorraine-Chaligny, marquise de Roubaix (R. D. 441).

Très belle épreuve avant la retouche.

282. Marie de Médicis, reine France. In-8 (D. 453).

Superbe épreuve.

283. Marie Stuart, reine d'Écosse (457).

Superbe épreuve du 1er état; avant toute retouche. Collection Didot.

284. Henri de Savoie, duc de Nemours (R. D. 466).

Très belle épreuve.

285. Charles de Gonzague, duc de Nevers (R. D. 469).

Superbe épreuve. Collection Didot.

TH. DE LEU (?)

286. François de France, duc d'Anjou et de Brabant. In-4.

Superbe épreuve avec marge. Très rare.

LITTRET.

287. Madame la Marquise de Pompadour, dans un médaillon ovale entouré d'une guirlande de roses. Gravé d'après Schenau. In-8.

Très belle épreuve.

MATHAM (J.).

288. Maximilien de Béthune, duc de Sully. In-fol. (B. 25).
Très belle épreuve. Très rare.

MELLAN (Cl.).

289. Louise-Marie de Gonzague, reine de Pologne. In-fol.
Belle épreuve.

MONTAGNE (N. de Platte).

290. François Ier, roi de France, d'après Janet.
Très belle épreuve avec marge. Collection de Béhague.

MONTCORNET (B.).

291. Henri Ruzé d'Effiat, seigneur et marquis de Cinq-Mars.
In-8.
Très belle épreuve d'un portrait fort rare.

292. Wladislas IV, roi de Pologne. 2 portraits différents. —
Comte d'Avaux. — Comte de Bouillon. — Léon Le Bou-
thillier. 5 pièces.
Très belles épreuves.

MORIN (J.).

293. François Potier, marquis de Gesvres, d'après Ph. de Champagne (R. D. 53).
Très belle épreuve. Collection de Béhague.

294. Jean-Armand Du Plessis, cardinal de Richelieu, d'après
Ph. de Champagne (72).
Superbe épreuve.

NANTEUIL (R.).

295. François de Vendôme, duc de Beaufort (33).
Très belle épreuve du 1er état.

296. Emmanuel-Théodore de La Tour d'Auvergne, cardinal de Bouillon (51).

  Très belle épreuve du 1er état.

297. Christine, reine de Suède (67).

  Superbe épreuve du 1er état. Rare.

298. Jean-Baptiste Colbert, contrôleur général des finances (71).

  Très belle et rare épreuve du 1er état. Grande marge.

299. Michel Le Tellier, ministre d'Etat (R. D. 134).

  Superbe épreuve du 1er état. Grande marge.

300. Hugues de Lionne, secrétaire d'État (146).

  Très belle épreuve du 1er état.

301. Louise-Marie de Gonzague, reine de Pologne (164).

  Superbe épreuve du 1er état. Très rare.

302. Jules Mazarin, cardinal, ministre d'État (179).

  Très belle épreuve.

NELLI.

303. Catherine de Médicis, reine de France. Médaillon ovale dans un cadre ornementé. In-4.

  Très belle épreuve.

PASSE (Crispin de).

304. Marguerite de Valois, première femme de Henri IV. In-8.

  Très belle épreuve avec de grandes marges. Collection Didot.

305. Charles de Bourbon, comte de Soissons. In-8.

  Belle épreuve remargée.

PASSE (genre de C. de).

306. Portrait du maréchal de Biron, entouré d'une légende explicative ; au bas, deux scènes relatives, l'une à son arrestation, l'autre à son exécution.

  Très belle épreuve avec marge. Très rare.

PÉRIER.

307. Simon Vouet, peintre. In-fol.

Belle épreuve.

POILLY (N. de).

308. Anne-Marie-Louise d'Orléans, mademoiselle de Montpensier, en Minerve. In-fol.

Très belle épreuve du 1er état. Marge. Collection Didot.

PONTIUS (P.).

309. Philippe IV, roi d'Espagne. — Élisabeth de Bourbon, sa
femme. 2 portraits in-fol. faisant pendants.

Superbes épreuves du 1er état : avant l'adresse de G. Hendricx
et avant que la moustache, dans le portrait du roi, ait été relevée.
Collection Didot.

310. Christine, reine de Suède, sous les traits de Minerve,
d'après J. d'Egmont. In-fol.

Très belle épreuve. Collection de Béhague.

PUTTER (C. de).

311. Mort de L. de Vinci. — Cérémonie des chevaliers du Saint-
Esprit, 1743. — 2 pièces.

Belles épreuves.

RABEL (Fr.).

312. François de Coligny, sieur d'Andelot.

Belle épreuve. Rare. Collection Didot.

313. Odet de Coligny, cardinal.

Belle épreuve. Rare. Collection Didot.

RICHOMME (J.).

314. Mort de L. de Vinci, d'après Ingres.

Très belle épreuve avant la lettre.

ROUSSELET (G.).

315. Christine de France, duchesse de Savoie. In-fol.

Très belle épreuve avant les noms des artistes. Collection Didot.

SADELER (R.).

316. Charles-Emmanuel, duc de Savoie. Portrait équestre d'après J. Carrara. Petit in-fol.

Très belle épreuve. Collections Marshall et Didot.

SCHUPPEN (van).

317. Jules Mazarin, cardinal, ministre d'État, d'après Mignard. In-fol.

Très belle épreuve.

318. Anne-Marie-Louise d'Orléans, duchesse de Montpensier, d'après de Sève. In-fol.

Très belle épreuve.

VANLOO (d'après C.).

319. Diane et Endymion, par Le Vasseur.

Très belle épreuve avec toute sa marge.

VOISARD.

320. Édit du Roi donné à Fontainebleau en 1774.

Très belle épreuve.

WIERRIX (les).

321. Jeanne d'Albret, reine de Navarre (Al. 1840).

Très belle épreuve. Collection Didot.

322. Henriette de Balzac d'Entragues, marquise de Verneuil (A. 1860).

Magnifique épreuve du 1ᵉʳ état : avec l'adresse de Paul de La Houve. Elle a une petite marge et est de la plus grande fraîcheur. Excessivement rare de cette qualité. Collection Didot.

E.   3

323. Charles de Lorraine, duc de Mayenne (Al. 1880).

Très belle épreuve. Collections Camberlyn et Didot.

324. Michel de l'Hospital, chancelier de France (Al. 1931).

Très belle épreuve.

325. Philibert-Emmanuel de Lorraine, duc de Mercœur (Al. 1980).

Superbe épreuve avec une petite marge. Collections Mariette et Didot.

PLANS ET VUES.

326. Plans et vues du château de Fontainebleau. 6 pièces originales et une reproduction gravées par J.-A. Ducerceau, tirées de son livre : *Les plus excellents Bâtiments de France.*

Très belles épreuves.

327. Portrait de la Maison royale de Fontaine-Belleau. Belle pièce tirée de l'*Illustriorum Reyni Galliæ*, etc.

Très rare.

328. Portrait de la Maison royale de Fontainebleau, 1624. Pièce très intéressante gravée par Michel Lasne, d'après Al. Francini.

Très belle épreuve avant la date, le coin du haut à droite a été rapporté.

328 *bis.* La même estampe.

Très belle épreuve avec la date de 1624.

329. Carte du Gâtinois et Hurepois, tirée de l'Atlas géographique de Blaeu.

Belle épreuve avec marge.

330. Vue de la cour du Cheval blanc de Fontaine-Belleau. — Vue de la cour, des fontaines et du jardin de l'estan de Fontaine-Beleau. — Vue du chasteau de Fontainebleau, côté du grand canal. — Vue de la cour des fontaines de Fontaine-Beleau. — Vue perspective du château de Fontaine-Belleau. 6 pièces, dont une très grande en deux feuilles dessinées et gravées par Is. Silvestre.

Très belles épreuves.

331. Profil de la ville de Melun, par Is. Silvestre. —————

Très belle épreuve.

332. Perspective du canal de Fontainebleau avec la magnifique promenade du Roy, de la Reyne, de Monsieur et de Son Éminence, où on peut remarquer cette superbe cour dans plusieurs calèches, toutes les filles d'honneur de la reine sur des hacquenées, etc., etc. Très jolie pièce gravée par J. Lepautre.

Superbe et très rare épreuve avant toutes lettres.

333. La même estampe. 2 épreuves avec la lettre, dont l'une est coloriée du temps.

334. Plan du château de Fontainebleau au rez-de-chaussée. — Plan général du château de Fontainebleau et des environs. 2 pièces dessinées et gravées *par Derbay*, 1682.

335. Plan général de Fontainebleau. 2 épreuves dont l'une avant les numéros et le texte porte l'adresse de N. Langlois, et l'autre avec le texte celle de Mariette.

336. Bourg, château et jardins de Fontainebleau. — Forest de Bière ou de Fontainebleau. 2 pièces mises au jour par *N. de Fer, géographe de Mgr le Dauphin*, 1705.

Belles épreuves.

337. Vue et perspective du château de Fontainebleau, de l'entrée de la cour du Cheval Blanc, où s'est célébré le mariage du roi Louis XV et de la reine Marie, le 5 septembre 1725. *A Paris, chez Charpentier*. 2 épreuves dont l'une est coloriée du temps.

338. Diverses vues de la Maison royale de Fontainebleau dessinées sur les lieux et gravées par J. Rigaud en 1738. 4 pièces.

Très belles et rares épreuves avant les numéros. Grandes marges.

339. Vues du palais et jardins de Fontainebleau. 4 pièces gravées par J. Tinney, d'après J. Rigaud, plus 2 vues d'optique coloriées. — Ensemble 6 pièces.

340. Carte minéralogique des environs de Fontainebleau, Étampes et Dourdan. *Dressé et exécuté par le sieur Dupain-Triel, 1764.*

341. Carte de la forêt de Fontainebleau et de ses environs, divisée en ses huit gardes. *A Paris, chez Denis et Pasquier.* 2 épreuves dont l'une porte la date de 1764 et l'autre celle de 1772.

342. Plans et vues du château et des jardins de Fontainebleau. 50 pièces gravées par M. Mérian, Is. Silvestre, Perelle et autres.

LIVRES

343. *Baltard.* Paris et ses monuments : le Louvre — Fontainebleau — Écouen et Saint-Cloud. *Paris,* 1803-1805. 3 vol. grand in-fol. demi-rel.

344. *Baltard.* Galerie de la Reine, dite de Diane, peinte par A. Dubois, en 1600, sous le règne de Henri IV. *Paris,* 1858. In-fol. broché.

345. *Adam Bartsch.* Le Peintre graveur. *Vienne, J.-V. Degen,* 1808-1821. 21 vol. in-8 cart. Les cinq premiers vol. sont de la réimpression.

346. *D'Hozier.* Les Noms, surnoms, qualitez, armes et blasons des chevaliers de l'Ordre du Saint-Esprit. 1 vol. in-fol. contenant de nombreuses planches dont 4 gravées par A. Bosse; elles sont remontées.

347. *R. Dumesnil.* Le Peintre graveur français. *Paris, chez* Mme *Huzard,* 1835. 10 vol. in-8 cart.

348. *De Beaudicourt.* Le Peintre graveur français continué. *Paris,* Mme *Huzard,* 1859-1861. 2 vol. in-8 cart.

349. *A. F.-Didot.* Les Graveurs de portraits en France. *Paris,
Firmin-Didot,* 1875-1877. 2 vol. in-8 brochés.

350. *Pérelle.* Vues de Paris, de ses environs et de la province.
115 pl. Un vol. pet. in-fol. oblong, rel. ancienne.

351. *Pfnor.* Monographie du palais de Fontainebleau. *Paris,
Morel,* 1873, 2 vol. in-fol. demi-rel. mar. rouge avec
coins.

352. *Van Thulden.* Les Travaux d'Ulysse, tels qu'ils se voient
dans la Maison royale de Fontainebleau. 58 pl. remontées. 1 vol. in-fol. oblong.

353. Monographie de la cathédrale de Chartres. Atlas. 72 pl.
Un vol. gr. in-fol. demi-rel. mar. rouge, avec coins,
doré en tête.

354. Cinq portefeuilles en demi-mar. vert avec enveloppes.

Paris. — Typ. G. Chamerot, 19, rue des Saint-Pères. — 17372.

1re Vacation — H. 470. t

1er 10. 879.

____

M. Hubert   127
Bd St Germain

____

15. Juin

____

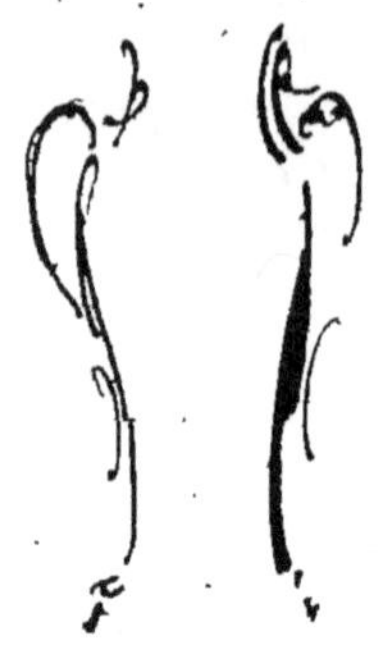

PARIS

TYPOGRAPHIE GEORGES CHAMEROT

19, rue des Saints-Pères, 19

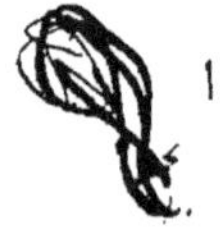

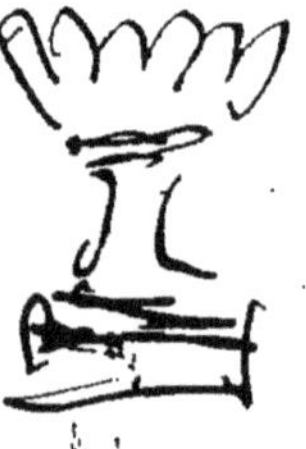